Créer Un Site Web Lucratif En 4 Semaines: La Façon La Plus Rapide De Créer Un Blog Ou Site Internet Rentable En Partant De Zéro.

TABLE DES MATIÈRES

INTRODUCTION.

Bienvenue dans cette formation qui va vous permettre de créer un site rentable avec lequel vous pouvez vivre, de la manière la plus rapide possible en seulement 4 semaines.

Que vous partiez de zéro ou que vous ayez déjà un site web dont vous souhaitez améliorer le fonctionnement et la rentabilité, vous allez découvrir un tout nouveau système qui va vous éviter les longs mois de tâtonnements et les erreurs que font la grande majorité des débutants, surchargés de milliers de possibilités et qui ne savent pas par où commencer.

Vous allez ainsi avoir un raccourci que beaucoup aimeraient connaître, qu'il vous suffit juste de suivre pas-à-pas.

Ce raccourci va vous permettre de monter avec un minimum de travail un business avec une base stable qui vous rapporte de quoi vivre avec une moyenne de 5 000 à 10000 euros par mois.

Une fois cette base solide et stable installée, vous aurez tout le loisir de la développer ensuite par vous-mêmes en y ajoutant d'autres techniques pour augmenter davantage vos ventes et revenus.

L'idée ne va pas être de travailler dès le départ comme un acharné en s'enfermant dans une cave 24h/24, mais plutôt d'en faire un petit peu chaque jour de manière récurrente.

Cette formation s'organise autour de 5 modules qu'il vous faut suivre de manière chronologique pour bâtir votre business dans l'ordre.

Voici le contenu de ces 5 modules :

Module #1

Ce premier module va vous permettre de créer votre positionnement, qui est peut-être la chose la plus importante à avoir pour bien démarrer.

Vous allez découvrir comment créer un positionnement unique et irrésistible qui n'existe pas encore dans votre thématique.

Ceci vous évitera de faire l'une des plus grosses erreurs que font les débutants, qui consiste à refaire ce que font les sites de référence de leur thématique, mais en moins bien.

Si vous faites ça, vous courrez tôt ou tard à votre perte car vous ne pourrez faire la différence qu'en fixant des prix beaucoup plus bas.

Ce module vous empêchera de tomber dans ce piège et vous permettra de créer votre propre catégorie dans laquelle vous serez le premier.

Module #2

Dans ce deuxième module, vous allez mettre en place un système de vente révolutionnaire, basé sur un système d'abonnement qui n'a rien à voir avec les schémas classiques.

Vous découvrirez d'abord que mettre en place un système d'abonnement est beaucoup plus simple pour démarrer que de vendre un produit unique.

En effet, un abonnement offre deux avantages énormes.

Le premier est que le taux de transformation est sensiblement le même entre vendre un produit unique sans abonnement (par exemple à 97 euros) et un produit au même tarif avec un abonnement.

Autrement dit, au lieu de vendre un produit unique à 97 euros, vous pouvez vendre autant de produits à 97 euros par mois et vous créer une rentrée d'argent récurrente.

Le deuxième avantage est qu'il est bien plus facile de vendre un abonnement qu'un produit en ce qui concerne l'argumentaire de vente.

Vous verrez donc dans ce deuxième module comment créer un système à abonnement radicalement différent de ce qui se fait habituellement, et comment faciliter à l'extrême l'accès à cet abonnement pour avoir un maximum de clients.

Vous verrez également quelles sont les choses à mettre dans votre abonnement.

Module #3
Ce troisième module va porter sur l'acquisition de prospects.

Vous allez découvrir un tout nouveau système vous montrant deux moyens extrêmement puissants et efficaces pour générer du trafic et acquérir des inscrits sur votre mailing list qui vont se transformer en clients.

Module #4
Ce quatrième module va vous montrer comment maximiser le panier d'achat moyen par personne et comment développer votre gamme de produits sans avoir à créer de nouveaux produits.

Vous allez voir ici comment faire davantage de ventes notamment en recyclant vos anciens produits, en installant un calendrier mensuel de promotions, et en créant plusieurs versions de votre formule d'abonnement.

Module #5
Ce cinquième module va vous montrer comment modifier votre site ou blog pour créer une véritable machine à vendre qui intégrera tous les éléments abordés dans les modules précédents.

A la fin de cette formation, vous aurez donc mis en place un business avec une base stable qui sera rentable et avec laquelle vous pourrez gagner votre vie.

En effet, beaucoup de gens prennent les choses à l'envers pour monter un business.

Avant même de chercher à créer une base stable leur permettant d'obtenir des revenus réguliers pour gagner leur vie, ils cherchent directement des petits trucs et astuces futiles pour essayer de vendre plus.

C'est pourquoi cette formation mettra tout l'accent et la priorité sur la création de cette base stable.

Il sera ensuite libre à vous d'ajouter des petites astuces ou tactiques pour augmenter davantage les revenus que cette base stable vous assurera et qui vous permettra de gagner votre vie.

Commençons tout de suite avec le premier module.

MODULE #1: CRÉEZ UN POSITIONNEMENT UNIQUE ET IRRÉSISTIBLE DANS VOTRE THÉMATIQUE.

Dans ce premier module, vous allez commencer par vous créer un positionnement qui va être unique et irrésistible dans votre thématique.

Le positionnement est un préalable indispensable car il va vous permettre de construire des fondations saines et stables à tout votre développement.

Vous allez pour ça d'abord voir ce qu'est un positionnement et les différents types de positionnements que vous pouvez trouver dans un marché ou une thématique, et lequel vous devez choisir à tout prix (sinon vous risquez la catastrophe).

Vous verrez ensuite les trois étapes qui vont vous permettre d'obtenir un positionnement unique et différent.

I.1- Qu'est ce qu'un positionnement, les différents types de positionnements et lequel choisir.

D'après Wikipédia, le positionnement est :

"Le choix d'attributs procurant à des offres (produits, marques ou enseigne) une position crédible, différente, attrayante et durable au sein d'un marché et dans l'esprit des clients."

Dans un même marché ou thématique, on peut trouver différents positionnements.

Une première catégorie de gens se positionne de manière à englober le marché et cibler tout le monde à l'intérieur.

C'est le cas des grandes surfaces spécialisées dans certains domaines.

Par exemple, vous avez Décathlon qui va tout englober dans le domaine du sport. Ainsi vous trouverez des accessoires pour faire du vélo, du golf, de la randonnée, de la natation, etc.

Autre exemple, vous avez Leroy Merlin qui englobe tout dans le domaine du bricolage. Vous pouvez y trouver des outils de bricolage (marteaux, perceuse...), de la peinture, de la décoration, des vis, des clous, etc.

Cela dit en tant que généralistes, ils ne vont jamais vraiment aller très loin dans ces différentes catégories.

Par exemple, si vous êtes spécialisé dans le golf, ce n'est pas à Décathlon que vous allez trouver l'équipement spécifique et professionnel qui vous conviendrait, et que vous pourriez trouver dans un magasin spécialisé dans le golf.

Ainsi, ces enseignes généralistes vont se différencier sur les prix, en appliquant des tarifs plus bas que des boutiques spécialisées.

Concernant votre positionnement, vous n'allez pas et ne devez surtout pas faire comme ces grosses enseignes et proposer un peu de tout à tout le monde dans votre thématique. C'est d'ailleurs l'une des pires erreurs qu'on peut voir chez les débutants.

La première raison est qu'en faisant ça, vous serez immédiatement perçu comme n'étant pas le meilleur et comme n'étant pas un expert des différents domaines que vous proposez.

Par exemple si vous tenez une agence web en proposant de tout (référencement, création de contenu, design, animation de réseaux sociaux, génération de trafic, etc.), vous allez tout de suite être vu par une personne qui cherche à faire du référencement comme n'étant pas le meilleur et pas un expert dans ce domaine.

La deuxième raison est que par le fait que vous proposez un peu de tout, les gens vont s'attendre à ce que vous leur proposiez des tarifs nettement plus bas qu'à des spécialistes.

En effet, il n'y a aucun autre angle que le prix qui pourra convaincre une personne d'acheter chez vous si vous adoptez ce type de configuration généraliste.

Maintenant, admettons que vous choisissiez une catégorie particulière, par exemple le design. Vous pourrez déjà appliquer des tarifs plus élevés.

Mais imaginons maintenant de regarder encore davantage à l'intérieur de cette catégorie design.

Vous trouverez alors encore une multitude de sous-catégories, comme par exemple la création de couverture de livres, la création de graphiques pour un site web, la création de logos, etc.

Admettons que vous vous spécialisiez dans une de ces catégories.

Vous pourrez alors pratiquer des tarifs encore plus élevés, et vous faire connaître beaucoup plus facilement car vous serez le seul ou l'un des seuls à faire ça.

Pour aller encore plus loin et pour que votre positionnement soit vraiment unique, l'idée va être de créer votre propre catégorie.

I.2- Créez votre propre catégorie pour avoir un positionnement unique.

L'idée pour avoir un positionnement unique consiste à créer votre propre catégorie.

De cette manière, vous serez le premier sur cette catégorie. Vous n'aurez ainsi pas besoin de lutter sur les tarifs, ni à courir après les gens qui seront attirés à vous car vous serez le seul à faire ça.

Pour créer votre propre catégorie, l'idée n'est pas de créer quelque chose que les gens ne veulent pas encore, mais plutôt de prendre une catégorie existante qui fonctionne déjà, et de faire les choses d'une manière qui n'existe pas encore.

C'est ce qu'on appelle en anglais une Unique Selling Proposition ou USP, qui correspond à ce que vous faites et que personne ne fait encore dans votre thématique.

Un des exemples les plus connus est le cas de Dominos pizza qui dans le marché des pizzas a fait les choses d'une manière qui n'existe pas encore, en proposant une livraison dans les 30 minutes. Tout le monde fabriquait des pizzas, mais personne ne s'était différencié sur les délais de livraison.

Ainsi si vous faites ça, vous arrêterez d'être un suiveur des gros sites de votre thématique.

Vous arrêterez surtout de faire l'une des pires erreurs quand on débute, qui consiste à refaire la même chose que les autres mais en moins bien, en espérant que par miracle un ou deux clients achètent chez vous.

Et en voyant que vos produits ne se vendent pas, vous en arriveriez à baisser drastiquement vos tarifs. Vous attireriez ainsi des clients qui ne seront pas fidèles à votre marque mais simplement à un tarif le plus bas possible. Ainsi, dès qu'un concurrent proposera un prix plus bas, vous perdrez tous vos clients.

Ceci est l'un des pires scénarios que vous pourriez rencontrer, et que malheureusement beaucoup de débutants subissent en n'ayant pas pris la peine de travailler sur leur positionnement.

Vous allez maintenant créer votre propre catégorie pour avoir un positionnement que personne n'a encore dans votre thématique.

Pour ça, voici une méthode en 3 étapes simples pour y parvenir.

I.3- Etape 1: listez tout ce qui frustre les clients de votre thématique.

Vous allez ici lister dix choses pour lesquelles vos clients en ont marre, et qui les frustrent à chaque fois qu'ils sont mis en contact avec vos concurrents.

Il peut s'agir des choses qu'ils ne trouvent pas dans leurs produits, ou des choses dans l'expérience d'achat (lourdeur du système de commande, site web pas ergonomique et mal organisé, délais de livraison trop longs, mauvais support client, etc.).

I.4- Etape 2: listez 3 choses sur lesquelles vous pouvez être le premier.

Une fois que vous aurez fait une liste de 10 frustrations de vos clients auxquelles vos concurrents ne répondent pas, vous allez trouver et identifier la chose que personne ne fait encore, pour être le premier à la proposer.

Il ne s'agit pas ici de trouver l'innovation du siècle ou l'idée du siècle. Et même si vous la trouviez, il y a de fortes chances que ça ne fonctionne pas, attendu le taux de réussite extrêmement bas des innovations.

Vous allez donc maintenant lister trois alternatives possibles, trois choses sur lesquelles vous pouvez être le premier.

N'hésitez pas à être créatif.

Par exemple, vous pouvez penser à des choses telles que l'abonnement de livraisons automatiques.

Le principe consiste à acheter un gros pack de produits (livres, bouteilles de vin, plats bio etc.) à un prix très bas destiné à faire s'abonner les gens, puis de recevoir chaque mois le livre ou la bouteille du mois en livraison.

Ce principe vous positionne ainsi de manière radicalement différente parmi les simples vendeurs de livres ou de vin, car vous seriez le seul à faire les ventes de cette façon.

En effet, une des frustrations qu'ont par exemple les gens pour le vin est qu'ils ne savent pas forcément quelle bouteille choisir et qu'ils ont parfois honte de demander conseil et montrer qu'ils n'y connaissent rien.

L'abonnement de livraisons automatiques peut ainsi être une des solutions à leur frustration, et qui apporte par ailleurs des résultats excellents.

N'hésitez pas à penser à ce type de modèle d'abonnement de livraison automatique, qui peut être un excellent moyen de rendre votre positionnement unique.

Si vous vendez des produits d'informations, vous pouvez aussi trouver une alternative pour vous positionner de manière unique en jouant par exemple sur le ton de vos formations.

Par exemple, si vous êtes spécialisé dans la thématique juridique ou comptable, il est souvent difficile de comprendre le jargon et les mots compliqués utilisés dans ces professions.

Vous pouvez alors vous différencier en proposant des produits dans un ton et un langage que tout le monde comprend facilement, et pour lequel il n'y a pas besoin d'être un expert dans le domaine.

Vous pouvez aussi penser au positionnement géographique dans votre ville ou région où vous seriez le seul à faire les choses d'une façon donnée.

Trouvez donc maintenant quelque chose qui est radicalement différent dans lequel vous allez être le premier.

Il est très important que vous fassiez ça maintenant, car nous allons nous baser sur ça pour la suite.

I.5- Etape 3: développez votre marque.

Une fois que vous avez appliqué l'étape 2, vous allez maintenant développer votre marque.

Pour ça, vous allez utiliser la technique des 3S, développée par Gary Halbert. Si vous la comprenez, vous aurez tout compris en matière de marque et de positionnement.

Les trois "S" signifient : Star, Story, Solution.

Nous allons développer chacune d'elles dans les pages suivantes.

Star.

La star, c'est vous : votre personne et votre personnalité.

Vous allez en quelque sorte être la star à l'échelle de votre thématique dans le sens où les gens vont pouvoir s'identifier à vous.

Si les gens s'identifient à vous et qu'ils aiment votre personnalité, alors ils vont acheter tout ce qui sort de vous, de la même manière que les gens qui sont fans d'un auteur ou d'un chanteur.

Vous n'aurez ainsi plus besoin de les convaincre d'acheter pour chaque nouveau produit que vous sortez.

Il vous suffira de leur dire que vous en avez sorti un nouveau pour que ce soit une raison suffisante pour les faire acheter, exactement comme un chanteur qui sort un nouvel album.

C'est pourquoi il est très important de développer cet aspect star, et vous réussirez à le développer en parlant de vous, en montrant qui vous êtes, et en racontant votre histoire.

C'est ce que nous voyons avec le deuxième "S", story.

Story.

Pour raconter votre histoire de la manière la plus efficace possible, vous pouvez utiliser un principe psychologique déjà largement prouvé.

Ce principe consiste à dire qu'on accorde davantage de crédibilité aux gens qui nous sont semblables.

C'est pourquoi il est très important que vous soyez le même que les gens en face de vous en termes de langage et d'habillement.

Prenez simplement la personne qui vous suit dans la situation dans laquelle elle se trouve lorsqu'elle vous écoute.

Bien souvent, ce n'est pas quand elle est au travail en costume et cravate, mais chez elle en tenue plus décontractée.

De même, si elle vous écoute depuis son salon, elle ne va pas parler dans le même langage soutenu qu'elle pourrait utiliser à son travail, et utiliser des mots plus familiers.

Il est en effet inutile de chercher à utiliser des mots qui font sérieux, car les gens vont vous croire davantage si vous leur ressemblez.

Ainsi, habillez-vous de la même manière qu'eux et parlez simplement comme vous le faites dans la vie de tous les jours, sans chercher à vous censurer.

Cherchez à être le plus identique possible que ceux qui vous regardent dans la situation où ils sont quand ils vous regardent.

S'ils sont dans leur salon, parlez-leur avec le même langage qu'ils utilisent dans leur salon, et en s'habillant de la même manière qu'ils le font dans leur salon.

Pour construire votre histoire, vous allez alors sélectionner soigneusement quelques-unes de vos expériences de vie sur lesquelles les autres peuvent s'identifier.

L'idéal, c'est de dresser une liste de choses et évènements de votre vie afin de raconter une histoire chronologique retraçant votre parcours, en partant de là où vous étiez au début, jusqu'à là où vous êtes aujourd'hui.

La meilleure des histoires consiste à être dans une situation similaire à la situation où sont les gens au début, et à arriver là où ils veulent arriver à la fin.

En leur montrant que vous avez vécu exactement les mêmes choses et les mêmes problèmes qu'eux, puis qu'il vous est arrivé telle et telle chose qui vous a fait arriver là où ils veulent arriver, ils vont immédiatement s'identifier à vous et vous donner une crédibilité.

Maintenant, listez les évènements de votre vie et créez votre histoire. Expliquez les problèmes que vous aviez et les solutions que vous avez trouvées, et comment vous en êtes arrivé à enseigner ou vendre telle et telle chose aux gens.

Solution.

La solution, c'est tout simplement ce que vous allez vendre aux gens.

Il s'agit des offres que vous leur faites, des produits ou des services que vous leur vendez.

Ceci termine ce premier module.

Vous avez désormais installé une fondation saine et stable en ayant trouvé un positionnement unique et irrésistible dans votre thématique.

Grâce à cette fondation, vous allez pouvoir créer votre marque unique basée sur les frustrations des gens et que personne d'autre ne fait, et basée aussi sur vous au travers d'une star, une histoire et une solution.

Cette fondation vous permet aussi de savoir comment vous adresser aux gens, ce qui est fondamental à savoir avant de commencer à créer du contenu.

Il est en effet évident que vous n'allez pas commencer à créer du contenu si vous ne savez pas comment vous adresser aux gens, d'où l'importance extrême de bien avoir réalisé les étapes de ce module avant de continuer.

Nous allons dans le deuxième module parler de votre produit et de ce que vous allez pouvoir vendre.

Nous allons aussi voir tout un système de vente révolutionnaire à mettre en place, et qui va vous permettre de vendre trois à quatre fois plus que les systèmes classiques dans lesquels vous vous contentez d'attendre et d'espérer que quelqu'un tombe sur votre produit.

MODULE #2: METTEZ EN PLACE VOTRE SYSTÈME DE VENTE.

Dans ce module, vous allez mettre en place un système de vente qui va vous permettre de vendre 3 à 4 fois plus que les systèmes où vous vous contentez d'attendre que quelqu'un tombe sur votre produit et l'achète.

Vous verrez d'abord qu'il s'agit de mettre en place un système à abonnement, qui est certainement ce qu'il y a de plus simple et efficace à mettre en place quand on débute.

Vous verrez aussi que ce système d'abonnement doit être fait d'une manière particulière pour vraiment fonctionner, et ne pas faire les erreurs des schémas classiques d'abonnements.

Ainsi, tout votre système de vente sera mis en place dans ce deuxième module, et vous ferez également le point sur les choses à inclure dans votre abonnement.

II.1- Montez un système à abonnement différent des schémas classiques.

L'idée va consister à créer un système à abonnement.

En effet, les taux de transformation sont quasi-équivalents entre vendre un produit unitaire à 97 euros et vendre un produit à 97 euros qui déclenche un abonnement pour recevoir un nouveau produit chaque mois.

Le premier avantage du système à abonnement est qu'il va vous permettre d'avoir des revenus récurrents tous les mois en ne vendant réellement qu'une seule fois au départ.

Et même si vos clients ne restaient abonnés qu'un mois supplémentaire, vous aurez déjà doublé vos ventes rien que comme ça, en faisant exactement le même effort de vente au départ que pour un produit unitaire.

Le deuxième avantage est que ça va vous donner une raison supplémentaire de faire la promotion de cet abonnement chaque mois sous un angle différent en détaillant le contenu du mois.

Cela changera radicalement des autres personnes qui vendent des abonnements, dont l'une des plus grosses erreurs consiste à présenter toujours le même produit en entrée de leur abonnement.

Le problème majeur de toujours proposer le même produit, est que vous allez créer chez les personnes qui vous suivent ce qui s'appelle en anglais "l'eye blindness", ou l'aveuglement publicitaire.

En d'autres termes, à force de marteler aux gens sans cesse la même offre de départ, ils vont finir par ne plus la voir et ne plus y faire attention.

C'est par exemple exactement ce qui se passe lorsque vous voyez une publicité pour un abonnement téléphonique chez Free ou SFR.

Une fois que vous avez vu la publicité, soit vous décidez d'acheter cet abonnement, soit vous ne l'achèterez pas de toutes façons et vous finirez par ne même plus faire attention à cette publicité à la longue.

C'est ce qui fait toute la différence en termes de ventes entre les gens qui ont un seul produit, et les gens qui ont un catalogue de plusieurs produits.

Au lieu d'envoyer toujours les gens vers le même produit, ceux qui en ont plusieurs vont pouvoir faire une rotation de leurs offres en envoyant les gens une fois sur la première offre, une fois sur la deuxième, une fois sur la troisième, puis revenir sur la première etc.

L'une des solutions consisterait donc à créer beaucoup de produits pour pouvoir entretenir l'intérêt des gens en proposant un produit différent à chaque fois plutôt que de toujours proposer le même.

Cela dit, cette solution est relativement complexe à mettre en oeuvre surtout si vous démarrez, et il est beaucoup plus astucieux et efficace de le faire sous la forme d'un abonnement.

Le gros problème des abonnements, est que la grande majorité des gens le font de manière séquentielle.

Ils vous font rentrer avec toujours le même produit de départ, puis chaque mois ils vont proposer un nouveau produit qui va mener progressivement les gens vers la solution ou l'état final où ils veulent arriver.

Par exemple, pour un abonnement pour apprendre à séduire et trouver sa moitié, ils vont promouvoir toujours le même produit de départ qui consiste à aborder une femme.

Puis, petit à petit, les autres produits que les abonnés recevront chaque mois vont les aider à passer les différentes étapes nécessaires pour finalement conclure et entretenir la relation.

Ainsi, le deuxième produit de l'abonnement par exemple le mois suivant sera *"comment obtenir le numéro de téléphone d'une femme"*, puis le troisième produit *"comment réussir son premier rendez-vous"*, puis le quatrième *"comment faire le premier pas pour l'embrasser"* etc.

Cette méthode d'abonnement séquentiel est l'une des plus grosses erreurs que font les débutants lorsqu'ils se lancent à créer un système à abonnement.

En effet, une telle démarche séquentielle n'est valable que dans le cas d'un produit unique, mais surtout pas pour un abonnement.

Si vous faites votre abonnement de manière séquentielle, vous ne pourrez promotionner que l'intégralité du package, et vous serez obligés de présenter sans cesse le même produit au départ, au risque de lasser les gens et de rendre votre offre invisible.

En revanche, la meilleure façon de créer votre système à abonnement est de proposer du contenu non séquentiel, par exemple chaque mois.

C'est-à-dire de proposer un produit dans votre thématique qui peut être consommé de manière complètement indépendante. Un produit qui fait sens à lui seul et qui permet d'obtenir un résultat à chaque fois.

Par exemple si vous proposez un abonnement mensuel dans le webmarketing, vous pouvez proposer durant un mois un produit qui permet de gagner plus de visiteurs sur un site web.

Puis le mois suivant, vous pouvez proposer un produit qui permet d'écrire une page de vente, puis le mois d'après un produit qui permet d'obtenir des inscrits à votre mailing list, etc.

Chacun de ces produits apporte une solution spécifique à un problème donné, et n'a pas besoin d'être relié au produit d'avant. Il peut être consommé et vendu de manière totalement indépendante.

Vous pourrez ainsi dire quelque chose comme :

"Ce mois-ci j'ai préparé tel produit pour les abonnés. Vous y apprendrez X, Y et Z. Abonnez-vous, et vous recevrez un

nouveau produit ou une nouvelle leçon supplémentaire tous les mois."

Le gros avantage de faire votre abonnement de manière non séquentielle est que ça vous donne un angle d'approche différent et varié en présentant un produit qui n'est jamais le même.

Par exemple, les gens qui n'ont pas été convaincus par votre produit sur l'email marketing le seront peut-être le mois suivant avec votre produit sur la génération de trafic.

Grâce à des angles d'approche toujours différents, vous créez alors beaucoup plus d'opportunités de capter l'intérêt des gens pour les faire s'abonner à un moment donné.

Ainsi, si quelqu'un s'abonne à un instant t, il accèdera au produit du mois et également à tous les produits qui sortiront les mois suivants.

Par contre, il ne pourra pas accéder aux produits des mois précédents, ou devra par exemple payer beaucoup plus cher qu'avec l'abonnement afin de pouvoir l'acheter de manière unitaire.

Maintenant que vous avez compris le principe de fonctionnement du système d'abonnement à utiliser, voyons voir les différentes choses que vous pouvez proposer dans votre abonnement.

II.2- Choisissez les différentes choses à mettre dans votre abonnement.

Voici les différentes choses que vous pouvez proposer dans votre abonnement.

Vous pouvez cumuler plusieurs de ces choses ou n'en choisir qu'une seule. C'est à vous de voir, selon ce que vous avez à partager, la manière dont vous voulez le partager et selon votre thématique.

L'idéal pour démarrer est de ne pas cumuler trop de choses au début, puis d'en rajouter au fur et à mesure, selon le temps que ça vous prend.

1- Un produit de formation.

La première chose que vous pouvez proposer à vos abonnés est de recevoir par exemple chaque mois un nouveau produit de formation sur un sujet, par exemple en vidéo en filmant votre écran.

Un produit de formation est ce qui va apporter le plus de valeur perçue.

La structure de votre formation va amener les gens avec des étapes chronologiques d'un problème qu'ils ont en A, vers un résultat, une solution pour arriver là où ils veulent être en B.

Ainsi, mettez au minimum dans votre abonnement un produit de formation chaque mois (si votre abonnement est mensuel), car vous allez de cette manière donner une thématique à chaque leçon.

Notez que vous pouvez aussi très bien faire votre formation en audio, par exemple en vous enregistrant le temps d'une heure avec un dictaphone.

2- Brainstorming/Questions.

Vous pouvez par exemple ici répondre aux questions que posent les abonnés dans une vidéo mensuelle.

3- Evènement annuel.

Vous pouvez organiser un évènement annuel pour les membres.

4- Forum privé.

Vous pouvez donner l'accès à vos abonnés à un forum privé.

Vous allez donc ajouter une ou plusieurs de ces choses dans votre pack à abonnement (au minimum le produit de formation), en mettant en valeur la thématique du moment.

Ainsi, chaque mois vous pourrez dire : *"ce mois-ci on parle de X"*, puis le mois suivant : *"ce mois-là on parle de Y"*, etc.

N'hésitez pas à rajouter d'autres choses auxquelles vous pensez et qui pourraient être intéressantes à inclure dans votre abonnement.

Avant de passer à la suite, listez toutes les choses que vous allez inclure dans votre pack à abonnement.

II.3- Mettez en place votre système de vente à abonnement.

Une fois que vous savez ce que vous allez mettre et proposer dans votre pack à abonnement par exemple mensuel, vous allez mettre en place le système de vente de cet abonnement pour obtenir un maximum d'abonnés.

Ce système de vente va se mettre en place en 3 parties.

La première partie va consister à créer une offre d'entrée irrésistible pour inciter et faciliter au maximum les gens à s'inscrire à votre abonnement.

La deuxième partie va vous monter comment présenter cette offre d'entrée dans chacun de vos nouveaux articles.

La troisième partie va vous montrer comment faire le lancement de chaque nouveau produit qui sort chaque mois et dont vos abonnés bénéficient, afin d'inciter les gens à s'abonner en achetant votre édition du mois.

Ces trois parties vont être détaillées séparément dans les pages suivantes.

Pour le moment, vous allez voir un exemple du fonctionnement général du système de vente que vous allez mettre en place sur votre site web ou blog.

Nous allons prendre par exemple le système qu'a mis en place sur son blog Ben Settle, qui est un spécialiste de l'email marketing.

Ben Settle possède un blog à abonnement mensuel dans lequel il propose une newsletter à 97 dollars/mois, qui chaque mois traite d'un thème différent de l'email marketing.

Chaque jour ou tous les deux jours, il publie un nouvel article sur son blog.

Puis en début de chaque mois, au lieu de sortir un nouvel article, il va faire un article spécial pour faire le lancement de son édition du mois, qui en l'occurrence est sa newsletter qui coûte 97 dollars/mois.

Dans cet article, il va faire une longue liste de 10 à 20 points de tout ce que les gens vont apprendre dans l'édition du mois, avec un lien pour s'abonner.

Ainsi, de cette manière, si les gens ne sont pas intéressés par l'édition du mois, ils ne s'abonnent pas.

Ben Settle reprend ensuite à publier chaque jour un nouvel article jusqu'au mois suivant, où il publiera un nouvel article de lancement pour sa newsletter qui traitement d'un sujet totalement différent.

Cela donne ainsi une nouvelle opportunité aux gens de s'abonner, avec une thématique et un angle différent de celui du mois précédent.

Et une fois qu'ils s'abonnent, ils recevront chaque mois la newsletter du mois.

Bien entendu vous n'aurez pas forcément besoin comme Ben Settle de faire un article par jour et pourrez en faire moins.

Il est cependant important que vous compreniez le principe de fonctionnement d'ensemble du système de vente que vous allez mettre en place avant de voir séparément les trois parties pour le mettre en place.

Voyons maintenant ces trois parties de mise en place.

II.4- Partie 1: créez une offre de démarrage irrésistible.

Vous allez dans cette première partie créer une offre de démarrage qui soit irrésistible et qui va inciter et faciliter au maximum les gens à s'abonner.

Pour ça, la démarche consiste à créer une offre d'entrée spéciale qui peut être soit :

- Un essai gratuit d'un ou deux mois.

- Un pack avec plein de choses à l'intérieur à un tarif très bas. Par exemple en reprenant le cas vu précédemment sur l'abonnement consistant à recevoir la bouteille de vin du mois, il peut s'agir d'un pack avec plein de bouteilles à l'intérieur à un prix très bas afin de vous pousser à vous abonner.

Vous allez maintenant voir dans la partie suivante deux versions différentes pour présenter votre offre de démarrage d'abonnement dans les articles que vous publiez.

II.5- Partie 2: présentez votre offre de démarrage sur chaque nouvel article.

Vous allez voir ici deux versions différentes pour présenter votre offre de démarrage destinée à engager les gens dans votre abonnement.

Cette offre sera présentée sur chaque nouvel article que vous publiez au fil du temps (vous verrez comment le faire).

Vous pouvez publier de nouveaux articles tous les jours ou deux ou trois fois par semaine, mais essayez de publier au grand minimum un article par semaine.

Version 1.

A la fin de chaque nouvel article que vous publiez, vous allez mettre un formulaire pour inciter les gens à s'inscrire à votre mailing list.

Dans ce formulaire, au lieu de dire aux gens uniquement de s'inscrire à votre mailing list en disant *"Inscrivez-vous pour recevoir tel PDF ou tel contenu"*, vous allez en profiter pour parler aussi de votre offre d'entrée d'abonnement en disant :

"Inscrivez-vous pour recevoir tel PDF ou tel contenu ET une édition de mon pack d'abonnement mensuel offerte."

Ou alors :

"Inscrivez-vous pour recevoir tel PDF ou tel contenu ET un mois gratuit de mon pack à abonnement au lieu des 97 euros que paient les clients ordinaires."

Vous annoncez ainsi l'intégralité de ce que vos prospects vont avoir, afin de rendre presque irrésistible l'inscription à votre mailing list.

Une fois que vos prospects craquent et décident de s'inscrire, vous allez les rediriger sur une page de remerciement dans laquelle le but va être de leur faire sortir leur carte bancaire, en leur disant par exemple :

"Merci, vous allez recevoir sous 5 à 10 minutes votre PDF par email. Voici comment accéder à l'abonnement d'un mois gratuit :"

Et juste en dessous de ce texte, vous mettez un formulaire pour que la personne rentre les coordonnées de sa carte bancaire.

Elle ne sera débitée que le mois suivant le mois gratuit, si elle décide de ne pas résilier l'abonnement.

Pour trouver une justification pour les faire sortir leur carte bancaire sur la page de remerciement, vous pouvez prétexter de demander un ou deux euros de frais techniques.

Par exemple vous pouvez expliquer que vous devez payer l'espace de stockage de votre pack à abonnement.

L'idéal serait de leur envoyer leur pack par voie postale s'il s'agit de quelque chose de physique, et prétexter d'avoir besoin de leur carte bancaire pour payer simplement les frais de port. Cette justification est très efficace.

Vous pouvez dire par exemple :

"Ne payez maintenant que les 7 euros de frais de port. Si vous décidez de continuer à la fin du mois gratuit, vous serez ensuite débité de 97 euros/mois."

Quelle que soit la justification que vous trouverez, il est essentiel qu'ils sortent leur carte bancaire à cette étape.

Le gros avantage est que ça fera un filtrage naturel et vous évitera d'avoir des touristes qui téléchargent votre pack et qui ne sont ni intéressés ni motivés par votre thématique.

Une fois que vous aurez créé cette page de remerciement, vous allez la mettre derrière toutes les actions que vos visiteurs peuvent faire sur votre site ou blog, et notamment derrière tous les formulaires d'inscription à votre mailing list.

Voyons voir maintenant la deuxième version pour présenter votre offre d'entrée d'abonnement.

Version 2.

Cette deuxième version consiste à ne pas mentionner votre offre de démarrage sur le formulaire d'inscription à votre mailing list mis en bas de chaque nouvel article.

Vous pouvez alors dire uniquement :

"Inscrivez-vous pour recevoir le PDF gratuit."

Les prospects qui s'inscrivent arrivent alors sur votre page de remerciement sur laquelle vous allez leur dire :

"Pour vous remercier d'avoir téléchargé le PDF, je vous donne accès pour 1 euro au lieu des 97 euros que les clients ordinaires payent normalement à un mois complet d'abonnement à l'espace membre."

De cette manière, vous justifiez très facilement le fait que les gens doivent sortir leur carte bancaire, et vous proposez une somme symbolique si faible qu'elle ne pourra pas constituer un barrage à s'abonner.

De la même manière que pour la version 1, vous mettrez cette même page de remerciement systématiquement après toutes les actions que les gens pourront faire sur votre site, et notamment après chaque formulaire d'inscription à votre mailing list.

Ainsi, vous voyez qu'un autre avantage d'un système à abonnement est qu'un abonnement est beaucoup plus facile à vendre qu'un produit.

En effet, en donnant la possibilité de faire un essai, vous n'avez presque plus besoin de créer de longues pages de vente destinées à convaincre.

C'est directement le contenu de l'abonnement et l'expérience que vos clients vont faire avec ce contenu qui va les convaincre.

Ainsi, votre seul rôle ne va pas être de vendre le contenu comme vous le feriez avec une page de vente, mais à vendre la facilité d'accès à l'abonnement.

C'est ce que vous faites en créant une offre d'entrée d'abonnement irrésistible qui propose par exemple soit un pack de plusieurs produits au début puis un nouveau produit chaque mois, ou un mois d'abonnement à 1 euro au lieu des 97 euros que payent les clients ordinaires, avec possibilité d'annuler à tout moment.

Voyons voir maintenant la troisième partie du système de vente pour découvrir comment mettre en place de lancement chaque mois de l'édition du mois dont les abonnés bénéficient.

II.6- Partie 3: faites un lancement pour chaque nouveau produit de votre abonnement.

Vous allez ici voir comment lancer chaque nouvelle édition du mois de votre abonnement.

Ainsi, de la même manière que l'exemple que vous avez vu avec Ben Settle, vous allez publier sur votre blog un article et envoyer un mailing à chaque début de mois, au moment où vous lancez la nouvelle édition du mois de votre abonnement.

Pour ça, vous allez créer un modèle standard d'article que vous pourrez utiliser à chaque lancement de début de mois.

Vous pouvez par exemple le tourner comme ceci en disant :

"Je viens de sortir un nouveau produit pour les membres de l'abonnement :"

Puis vous mettez juste en dessous un lien vers la page de vente pour démarrer l'abonnement.

Et tout de suite après, vous allez écrire une liste de 10 à 20 points de puces-promesses pour expliquer tout ce que les gens vont apprendre avec ce produit du mois :

"Voici ce que vous allez apprendre :

1- Les deux astuces redoutables pour X et Y.

2- La technique volée aux Babyloniens pour réussir à X sans Y.

3- Comment avoir X en moins de 5 minutes tout en Y.

4- Etc. "

Et juste en dessous, vous remettez à nouveau un lien vers la page de vente pour s'inscrire à votre abonnement et obtenir le produit.

De plus, vous allez également envoyer un mailing. Vous pouvez conserver cette même structure mais en un peu plus court, en listant par exemple trois raisons irrésistibles de s'abonner pour avoir le produit du mois au lieu de vos 20 puces-promesses.

Les liens dans ce mailing redirigeront de la même manière vers la page de vente pour s'abonner, ou vers votre article de lancement si vous voulez que vos prospects puissent avoir une version plus détaillée en lisant l'ensemble des puces-promesses.

Ceci termine ce deuxième module.

Vous avez donc ici constitué votre pack d'abonnement et savez exactement quels types de choses vous allez donner chaque mois à vos abonnés (ou chaque semaine si votre abonnement est hebdomadaire).

Puis, vous avez mis en place tout votre système de vente en créant une offre de démarrage d'abonnement irrésistible et en redirigeant les visiteurs sur cette offre à chaque action qu'ils vont faire sur votre site.

Enfin vous savez également comment lancer chaque nouvelle édition du mois de votre abonnement en publiant un modèle d'article spécial et en envoyant un mailing.

Tout votre système de vente est maintenant opérationnel et prêt à tourner.

Dans le module suivant, vous allez découvrir comment générer du trafic sur votre site web pour vous faire connaître et attirer des nouvelles personnes à s'inscrire à votre mailing list, susceptibles de devenir des clients.

MODULE #3: GÉNÉREZ DU TRAFIC ET DES INSCRITS À VOTRE MAILING LIST.

Vous allez voir dans ce troisième module comment attirer des visiteurs sur votre site web et votre blog, et surtout comment obtenir des inscrits à votre mailing list.

Vous allez ainsi pouvoir transformer ces inscrits à votre mailing liste en clients en leur envoyant des mailings les incitant à s'abonner, comme le mailing qu'on a vu dans le module précédent lorsque vous faites le lancement du produit du mois (ou de la semaine si votre abonnement est hebdomadaire).

Vous allez voir dans les pages qui suivent deux moyens extrêmement efficaces, et qui ne vous coûteront rien (ou presque) en termes de publicité.

III.1- Moyen n°1: écrivez un livre.

Ecrire un livre peut sembler extrêmement difficile et fastidieux pour la plupart des gens. Pourtant vous allez voir une procédure qui vous permettra d'en créer un très facilement, sans même avoir vraiment à l'écrire.

Ecrire un livre possède trois avantages énormes.

Le premier est qu'un livre est perçu comme un produit culturel et non commercial, au même titre qu'un CD ou qu'un film.

De ce fait, les gens, blogueurs et journalistes vont parler de votre livre. L'information va circuler très facilement car il ne va pas être considéré comme un produit commercial contrairement à un produit d'information ou une offre de consulting.

Le deuxième avantage est qu'écrire un livre vous positionne comme auteur et donc expert.

Il vous donne donc une crédibilité immédiate, bien plus que si vous proposiez un simple fichier PDF de 3 pages que vous donnez en cadeau contre l'inscription à votre mailing liste.

Le troisième avantage est qu'il va vous permettre de capturer un nombre incroyable d'adresses email.

En revanche, votre livre n'est pas destiné à vous faire gagner de l'argent directement. Ce sont plutôt toutes les adresses email que vous allez récolter avec qui vont vous assurer un retour sur investissement très large.

Voyons voir maintenant deux façons de capturer des adresses email avec un livre, selon que les gens vous connaissent déjà ou pas.

La première façon vise à capturer l'email de personnes qui ne vous connaissent pas encore et qui ne connaissent pas votre site ou votre blog.

La deuxième façon vise à capturer l'email aux personnes qui connaissent déjà votre site ou votre blog.

**Façon n°1 de capturer les adresses email avec un livre :
Personnes qui ne vous connaissent pas.**

La première façon consiste à mettre à la fin de chaque chapitre de votre livre un lien pour aller plus loin, et qui permet de télécharger un outil, voir une vidéo ou un article supplémentaire.

Par exemple vous pouvez écrire à la fin de chaque chapitre quelque chose comme :

"Pour aller plus loin, vous pouvez voir la vidéo ou télécharger le fichier xls à l'adresse suivante :"

Vous mettez en dessous un lien le plus simple possible à retenir vers une page de votre site web, par exemple :

www.votresite.com/chapitre1

ou :

www.votresite.com/cadeau1

La page d'arrivée aura un formulaire d'inscription à votre mailing list où vous pourrez dire par exemple :

"Inscrivez votre adresse email pour télécharger gratuitement votre vidéo ou votre fichier xls :"

Vous pourrez ensuite mettre votre livre en vente par exemple sur Amazon en utilisant leur service Createspace ou Avantage.

De cette manière, vous allez attirer de nouveaux visiteurs et obtenir une liste d'inscrits qui ne vous connaissaient pas encore.

Façon n°2 de capturer les adresses email avec un livre : Personnes qui vous connaissent déjà.

Cette deuxième méthode de capture des adresses email vise à récolter les adresses email des gens qui vous connaissent déjà.

Elle va consister à reprendre les formulaires d'inscription à la mailing list que vous mettez en bas de chaque article comme on l'a vu dans le module précédent.

Vous allez alors leur proposer de recevoir votre livre en cadeau gratuit plutôt que de leur envoyer un PDF ou un autre cadeau en échange de leur adresse email.

Ainsi, sur ces formulaires en bas de chaque article vous allez pouvoir mettre quelque chose comme :

"Recevez gratuitement mon livre en entrant votre adresse email ci-dessous :"

De la même manière qu'on l'a vu dans le module précédent, les gens sont alors redirigés vers votre page de remerciement où le but est de leur faire sortir leur carte bleue.

Il sera très simple de le faire car ici vous avez le prétexte parfait des frais de port.

Si vous demandez 5 ou 7 euros de frais de port, cela ne vous coûtera rien car un livre coûte environ 2 ou 3 euros à produire.

Ainsi vous pouvez leur dire sur votre page de remerciement :

"Vous avez juste les frais de port à payer de 5 ou 7 euros, et vous recevrez le livre gratuitement à votre domicile."

Ils remplissent alors en dessous les divers champs avec leurs données de facturation et adresse de livraison.

Puis, juste sous leurs données de facturation et adresse de livraison, vous pouvez rajouter une phrase leur disant :

"Pour vous remercier ou parce que vous faites partie des 200 premiers, je vous offre aussi un mois d'abonnement où les clients ordinaires doivent payer 97 euros. Si vous décidez de continuer après le premier mois vous serez débités de 97 euros par mois."

Ainsi, vous avez fait d'une pierre deux coups.

Dans un premier temps vous avez capturé leur adresse email. Cela va vous permettre de les relancer régulièrement s'ils décident de ne pas sortir leur carte bleue à la page de remerciement qui suit.

Dans un deuxième temps, vous avez réussi à les engager dans votre système d'abonnement, en prétextant les frais de port.

Ainsi, ils paieront les frais de port le premier mois, et s'ils n'arrêtent pas l'abonnement, ils seront débités de 97 euros chaque mois qui suivra.

Cette méthode est donc extrêmement puissante. Elle est déjà largement pratiquée aux Etats-Unis mais n'en est qu'à ses balbutiements en France.

Vous allez voir maintenant deux moyens pour créer votre livre très rapidement.

Le premier moyen vous montrera comment créer votre livre en utilisant du contenu que vous avez déjà.

Le deuxième moyen vous montrera un processus en 7 étapes qui vous mènera de la création d'un livre en partant de zéro jusqu'au lancement de ce livre, tout ça en un temps record et sans avoir vraiment à l'écrire.

Mais juste avant, vous allez voir la structure avec laquelle vous devez organiser votre livre à l'intérieur pour récolter un maximum d'adresses email.

III.2- Structurez votre livre pour être un aimant à adresses email.

Le but va être de structurer votre livre de manière à avoir un maximum de chapitres courts et indépendants les uns des autres, exactement comme avec votre abonnement non séquentiel où vous avez chaque mois un contenu consommable de manière complètement indépendante.

De plus, vous n'allez pas chercher à avoir uniquement 10 ou 12 chapitres comme un livre normal, mais plutôt 50, 60 ou 100 petits chapitres qui vont être indépendants, et très faciles à lire de manière autonome car ils seront courts.

Par exemple vous pouvez titrer votre livre *"50 trucs de pro pour X"*, ou *"101 astuces pour X sans Y"*, etc.

Le premier gros avantage d'une telle structure est que vous allez multiplier considérablement les opportunités d'obtenir des inscrits à votre mailing liste.

En effet, il y aura à la fin de chaque chapitre un lien vers votre site web pour "aller plus loin" et télécharger une vidéo ou un fichier complémentaire, comme on l'a vu dans la partie précédente.

Le deuxième gros avantage est que cette structure va vous permettre de créer votre livre en un temps record en utilisant du contenu que vous avez déjà : vos articles de blog.

C'est ce qu'on va voir dans la partie suivante.

III.3- Créez votre livre en utilisant astucieusement du contenu que vous avez déjà.

Pour écrire ce livre très facilement et rapidement, vous pouvez très bien utiliser vos articles de blog où chaque article fera l'objet d'un chapitre.

Le seul problème réside simplement dans le fait d'avoir pensé à rédiger vos articles de blog de manière à ce qu'ils puissent se transformer en chapitres de livre. Il ne suffirait alors qu'à les copier-coller.

Si vous ne l'avez pas fait jusqu'à présent, pensez donc à structurer ainsi vos articles de blog à l'avenir.

Cela vous économisera ensuite un temps fou et vous pourrez créer facilement un excellent livre en une ou deux heures.

Il faut savoir que les livres ont en général au minimum 30 000 mots, et les livres pratiques autour de 50 000 à 60 000.

Si vos articles de blog font en moyenne 1000 mots, il vous suffit de copier-coller 60 articles et vous avez déjà un très bon livre pratique.

Si vous postez un article chaque jour, vous voyez qu'en deux mois votre livre peut-être prêt, sans que vous n'ayez eu besoin d'écrire quoi que ce soit en plus.

Et même si vous n'écrivez que quelques articles par semaine, vous pourrez facilement les regrouper tous les 2, 3 ou 6 mois pour en créer un nouveau livre en un temps record.

Tout est simplement une question d'organisation et de penser à structurer vos articles de blog pour qu'ils puissent faire l'objet de chapitres de votre livre.

Et inversement si vous rédigez quelques chapitres de votre livre, vous pourrez les utiliser comme articles de blog.

Ainsi, à chaque fois que vous sortez un nouveau livre tous les X mois, vous pouvez ensuite faire une grosse campagne de lancement sur Facebook pour le faire connaître, et ne pas passer par un éditeur pour le lancement.

Vous allez voir comment faire ça dans la partie suivante, qui va vous montrer toutes les étapes détaillées pour aller de l'écriture d'un livre en partant de zéro sans vraiment avoir à l'écrire, jusqu'à la publication et le lancement avec une campagne Facebook.

III.4- Le processus en 7 étapes pour créer votre livre en partant de zéro sans avoir "vraiment" à l'écrire, jusqu'à son lancement.

Ce processus va vous montrer les 7 étapes qui vont vous permettre d'écrire un livre en un temps record sans vraiment avoir à l'écrire, jusqu'à son lancement avec une campagne Facebook.

Vous allez voir chacune de ces étapes détaillées dans les pages suivantes.

Etape 1 :
Listez les titres de vos chapitres.

Créez-vous un fichier texte qui liste tous les titres des chapitres de votre livre.

Comme on l'a vu précédemment, chaque chapitre est totalement indépendant de l'autre et peut être sur un sujet différent.

Par exemple si vous êtes dans le webmarketing, un chapitre peut parler d'une astuce sur l'email marketing, alors que le suivant peut parler de la création de produit ou de la génération de trafic etc.

Listez ainsi 50, 60 ou 100 titres de chapitres différents.

Rappelez-vous que le but est d'avoir un maximum de petits chapitres très courts et indépendants les uns des autres.

Vous n'avez rien besoin d'écrire d'autre que ces titres là, et surtout pas à commencer à rédiger les chapitres.

Etape 2 :
Enregistrez chaque chapitre avec un dictaphone.

Enregistrez chaque chapitre en parlant 10 minutes maxi dans un dictaphone.

Vous n'avez pas besoin de faire de plan auparavant. Il vous suffit simplement de parler sur le sujet dont traite le titre du chapitre en question que vous avez listé à l'étape 1.

Selon la vitesse à laquelle vous voulez terminer votre livre, vous enregistrerez autant de chapitres que vous voulez de cette manière.

Vous pouvez en faire 4 par semaine, ce qui vous prendra 4 x 10 minutes soit 40 minutes par semaine.

Vous pouvez aussi en faire 6 par jour ce qui vous prendra une heure dans la journée.

Si vous commencez le lundi et que votre livre possède 50 chapitres, tous vos chapitres seront enregistrés le vendredi soir, en ayant travaillé dessus seulement une heure par jour.

A vous de voir la fréquence avec laquelle vous souhaitez aller.

Notez que vous pouvez aussi décider de rédiger vos chapitres directement, mais cela risque de vous prendre plus de temps.

C'est une autre option que vous pouvez choisir si vous préférez et que vous avez le temps.

Etape 3 :
Faites transcrire vos enregistrements en texte.

Envoyez vos différents chapitres enregistrés à un transcripteur qui va se charger de les transformer en texte.

Vous pouvez trouver très facilement des transcripteurs sur de nombreux sites tels que Odesk ou Elance.

Etape 4 :
Editez vos chapitres et programmez-les sur votre blog.

Une fois que vous avez reçu vos chapitres transcrits en texte, cette étape consiste à les éditer en les relisant rapidement pour corriger les fautes ou reformuler certaines phrases.

Notez que vous pouvez aussi faire faire cette relecture à l'étape précédente par un transcripteur qui peut aussi faire le rôle de relecteur.

Une fois que vos chapitres sont finalisés, vous pouvez les programmer sur votre blog.

En effet, comme on l'a vu, chaque chapitre de votre livre peut aussi servir d'article de blog à part entière.

Vous réalisez ainsi d'une pierre deux coups en créant votre livre, mais en créant aussi tout le contenu de votre blog.

Vous économisez ainsi par cette simple organisation un temps fou.

Etape 5 :
Imprimez et publiez votre livre.

Cette étape consiste à imprimer et publier votre livre.

Vous pouvez très facilement faire imprimer votre livre à la demande avec des services tels que lulu.com.

Le prix d'un livre imprimé va vous coûter en général entre 2,5 et 3,5 euros, et lulu.com s'occupe de tout : numéro ISBN, code barre, dépôt légal, etc.

Puis vous pouvez le rendre disponible ensuite sur des sites comme Amazon Avantage.

Vous pouvez aussi aller sur les plus grosses boutiques en ligne spécialisées dans la thématique de votre livre pour leur proposer votre livre.

Une autre manière très intéressante consiste à utiliser Createspace.

Createspace est une filiale d'Amazon qui permet de publier votre livre sur Amazon, et qui créé votre livre papier dès qu'une personne le commande.

Vous n'avez ainsi pas besoin de stock ni besoin de payer pour imprimer des livres auparavant.

Vous avez juste besoin de mettre votre livre au format Word ou PDF sur Createspace, et le service se chargera de l'imprimer à la demande.

Etape 6 :
Donnez votre livre gratuitement et utilisez-le comme carte de visite.

Cette étape consiste à donner votre livre à des gens qui ont des boutiques en ligne ou des blogs de votre thématique.

Le but va être qu'ils donnent votre livre soit en bonus avec leur produit, soit qu'ils vendent votre livre et fassent du profit dessus.

Vous allez ainsi leur donner gratuitement des livres papier sans gagner le moindre centime dessus, car vous allez gagner de cette manière un grand nombre d'inscrits de grande qualité.

En effet, les inscrits que vous obtiendrez de cette manière seront très certainement ceux qui vont vous apporter le plus grand nombre d'euros par inscrit. S'ils ont décidé de s'inscrire, c'est qu'ils ont pris le temps de lire votre livre et qu'ils ont été convaincus par votre contenu.

Les inscrits sont ainsi de bien meilleure qualité que des visiteurs qui arrivent froidement sur votre site et à qui vous présentez un formulaire les pressant à s'inscrire.

N'hésitez donc pas à envoyer gratuitement des exemplaires de votre livre à des boutiques en ligne ou à des blogueurs connus qui pourront le donner gratuitement avec un de leur produit, ou carrément le vendre au prix qu'ils veulent et gagner de l'argent avec.

De la même manière, vous pouvez utiliser votre livre comme carte de visite, en le distribuant par exemple à des conférences ou des séminaires.

Chaque exemplaire ne vous coûte finalement que deux ou trois euros, et ça vaut le coup de le donner à des gens qui peuvent potentiellement être de futurs partenaires.

Etape 7 :
Faites une campagne de lancement.

Le meilleur moyen est de faire une campagne de lancement par Facebook.

Il vous suffit de trier les gens par centre d'intérêt et par audiences similaires, et de les diriger vers une page de capture sur laquelle ils devront s'inscrire pour recevoir votre livre.

Ils tomberont ensuite sur votre page de remerciement, leur demandant d'entrer leurs coordonnées de carte bancaire pour payer les frais de port, ce qui vous permet par la même occasion de les faire s'abonner, comme on l'a vu précédemment.

Vous voyez donc tout l'intérêt d'écrire un livre, surtout si vous débutez.

Vous avez vu que ce n'est pas forcément compliqué et que ça peut même aller très vite si vous avez une bonne organisation.

Sachez aussi que vous n'avez pas besoin d'attendre la fin de votre livre pour commencer à récolter des adresses emails et vous pouvez déjà commencer pendant que vous êtes en train de le créer.

L'idée consiste simplement à publier des articles de blog sous forme d'extraits de votre livre au fur et à mesure que vous le créez.

Juste en dessous de chaque extrait, il vous suffit de mettre un formulaire d'inscription disant par exemple :

"Inscrivez votre email pour être notifié quand le livre va sortir et le recevoir en entier."

Vous avez bien entendu toujours après ce formulaire, la page de remerciement avec la proposition d'avoir par exemple un mois d'abonnement gratuit.

Ecrire un livre est donc certainement le meilleur moyen de commencer.

Cela dit si vous êtes vraiment réfractaire à en créer un, voici un deuxième moyen d'obtenir des inscrits à votre mailing list.

III.5- Moyen n°2: proposez du contenu en 2 parties.

Voici un deuxième moyen pour obtenir des inscrits à votre mailing list.

C'est certainement la meilleure solution qui existe si vous ne souhaitez pas écrire de livre.

L'idée consiste à écrire un article de blog et à proposer du contenu en deux parties en proposant de télécharger un contenu complémentaire à l'article.

Par exemple si vous faites un article de blog sur la comptabilité, vous pouvez mettre en dessous un formulaire pour télécharger une feuille de calcul Excel pour gérer facilement ses comptes.

Si vous faites un article de blog sur la cuisine ou sur un effet d'image par Photoshop, vous pouvez proposer à la fin de télécharger une fiche pratique PDF d'une ou deux pages détaillant les étapes pour réaliser la recette ou pour obtenir l'effet d'image.

L'avantage de proposer une fiche pratique est qu'elle ne vous demande que quelques minutes à faire en une page ou deux, et que les gens adorent recevoir ce genre de procédures qui les guident pas-à-pas.

Ceci termine ce troisième module.

Vous savez maintenant comment obtenir du trafic sur votre site web ou votre blog, et comment remplir votre mailing list avec des inscrits très qualifiés, qui vous rapporteront le meilleur taux d'euros par inscrit.

Vous avez ainsi vu un premier moyen qui vous a montré comment écrire un livre très facilement et en un temps record et comment structurer son intérieur pour qu'il devienne un aimant à adresses email.

Vous avez vu comment publier et faire le lancement de votre livre pour le faire connaître au plus grand nombre.

Vous avez également un deuxième moyen d'obtenir facilement des inscrits, dans le cas où vous ne souhaitez pas créer un livre.

Si vous appliquez ces méthodes, vous allez obtenir très rapidement un nombre impressionnant d'inscrits, et qui seront très qualifiés et de grande qualité.

Il reste maintenant à voir dans le prochain module comment procéder pour vendre un maximum de choses aussi bien aux nouveaux inscrits à votre mailing list qu'aux clients de votre abonnement.

Vous allez voir notamment comment développer votre gamme de produits sans avoir à créer de produits supplémentaires.

MODULE #4: MAXIMISEZ LE PANIER MOYEN PAR INSCRIT ET DÉVELOPPEZ VOTRE GAMME DE PRODUITS.

Vous allez voir ici un ensemble de stratégies qui vont vous permettre de maximiser le panier moyen par personne.

Vous allez ainsi pouvoir vendre un maximum de choses aux inscrits à votre mailing list ainsi qu'aux clients de votre abonnement.

Le gros avantage de ces stratégies est qu'elles vont vous permettre de développer votre gamme de produits sans que vous n'ayez besoin de créer d'autres produits, en utilisant ce que vous avez déjà.

IV.1- Recyclez vos anciens contenus pour les vendre à l'unité et créer des packs thématiques.

La première stratégie va consister à recycler les anciens produits ou contenus de votre abonnement pour les vendre à l'unité ou en faire des packs thématiques.

Pour rappel, votre abonnement offre à vos abonnés chaque mois un produit ou un contenu différent, qui peut être consommé de manière indépendante des produits ou contenus des mois précédents.

Aussi, lorsqu'une personne décide de s'abonner par exemple en Septembre et que vous avez lancé votre système depuis Janvier dernier, elle n'aura pas accès à tous les produits des mois de Janvier, Février, Mars, Avril, Mai, Juin, Juillet et Août.

Vous pouvez alors créer une page sur laquelle vous proposez la vente de ces anciens contenus à l'unité.

Vous pouvez aussi créer des packs thématiques en reprenant deux ou trois produits traitant d'un même sujet.

Par exemple, si vous avez fait un produit en Mars traitant de l'email marketing et que vous avez fait un autre produit en Juillet traitant du même sujet, vous pouvez faire un pack thématique sur l'email marketing contenant ces deux produits, et le mettre en vente sur la page listant vos anciens contenus.

IV.2- Créez un calendrier pour faire des promotions en continu.

Vous pouvez créer un calendrier pour faire des promotions régulières en permanence.

Voici un exemple de calendrier que vous pouvez adopter, pour faire une promotion différente chaque semaine :

Semaine 1.

Vous pouvez faire le lancement de votre produit ou contenu du mois destiné à vos abonnés.

Comme on l'a vu dans le module 2, vous allez faire ce lancement en publiant un article de blog avec une liste de puces-promesses de tout ce qu'on va trouver dans le produit, et en envoyant un mailing.

Semaine 2.

La semaine 2, vous pouvez vendre par exemple du consulting, l'inscription à une journée ensemble à passer sur une thématique donnée, un webinaire live, etc.

Semaine 3.

Vous pouvez faire une grosse promotion qui sera différente chaque mois.

Par exemple, vous pouvez faire une vente flash sur un ancien produit le mois 1, puis une vente flash sur un pack thématique le mois 2, puis la vente d'un pack énorme le mois 3 qui regroupe tous les anciens produits, etc.

Semaine 4.

Vous pouvez vendre par exemple un évènement annuel organisé tous les ans, et pour lequel les tarifs augmentent tous les mois.

Ainsi, une semaine avant d'augmenter les tarifs du mois en cours, il vous suffit d'envoyer un mailing disant par exemple :

"Mon évènement annuel est organisé dans un an et les tarifs pour s'y inscrire augmentent tous les mois. La prochaine augmentation a lieu la semaine prochaine, et vous avez donc encore une semaine pour payer moins que tous les autres qui vont s'inscrire après."

En faisant cette promotion un an à l'avance, vous avez donc tout le temps nécessaire pour bien organiser l'évènement.

Avoir un tel calendrier vous permet de varier vos promotions et d'en avoir une différente chaque semaine.

Vous allez ainsi envoyer ces différentes promotions à la fois aux inscrits clients qui sont abonnés, et aux inscrits non clients qui viennent d'être inscrits à votre mailing list.

Le secret pour augmenter les taux de conversion de ces différentes promotions est de toujours trouver un moyen pour qu'elles soient limitées dans le temps afin de faire agir les gens tout de suite.

IV.3- Créez des versions avancées de votre formule d'abonnement.

Vous pouvez aussi créer plusieurs versions de vos formules d'abonnement mensuel.

L'idéal est de le faire une fois que votre formule unique fonctionne déjà bien, et de ne pas forcément mettre ça en place dès le démarrage.

Vous pouvez ainsi proposer par exemple différents niveaux d'abonnement :

- Niveau 1 : abonnement "Silver" à 97 euros par mois. Il s'agit de la formule d'abonnement de base.

- Niveau 2 : abonnement "Gold" à 127 euros par mois. Cette formule regroupe l'abonnement "Silver" avec en plus par exemple une demi-heure de coaching par Skype, un contenu supplémentaire sous forme audio, etc.

- Niveau 3 : abonnement "Platinium" à 197 euros par mois. Cette formule regroupe l'abonnement "Gold" avec en plus par exemple un évènement privé tous les deux mois, l'accès à un forum privé, etc.

Vous pourrez également utiliser les produits ou contenus de l'abonnement de base que vos abonnés reçoivent tous les mois pour créer des opportunités de passer leur formule d'abonnement au niveau supérieur.

Par exemple, vous pouvez dire à l'intérieur même d'un produit ou d'un contenu de l'abonnement de base la chose suivante :

"J'ai aussi créé un tutoriel audio ce mois-ci auquel seuls les membres Gold peuvent accéder qui peut vraiment vous être utile pour faire ci ou ça. Vous avez la possibilité d'upgrader dès maintenant votre abonnement pour en profiter."

Vous pouvez aussi organiser par exemple un évènement live (webinaire) limité à 200 places et réservé aux membres Gold, et dire aux membres Silver :

"J'organise ce mois-ci un évènement live réservé aux membres Gold. Il reste 24 places disponibles et vu le contenu, il y a probablement pas mal de membres Silver qui vont upgrader leur abonnement. Vous pouvez encore avoir votre place si vous mettez à niveau votre abonnement maintenant."

Ceci termine le quatrième module.

Vous avez vu un ensemble de stratégies qui vont vous permettre de vendre un maximum de choses aussi bien aux personnes déjà clientes de votre abonnement qu'à vos inscrits sur votre mailing list qui ne sont pas encore clients.

Vous avez vu comment développer votre gamme de produits très facilement sans avoir besoin de créer de nouveaux produits.

Vous avez notamment créé une page sur laquelle vous vendez à l'unité vos anciens produits, et également des packs thématiques.

Vous avez aussi mis en place un calendrier de promotions différentes chaque semaine.

Si vous ne l'avez pas encore fait, créez votre calendrier de promotion dès maintenant, avant de passer à la suite.

Puis, lorsque votre formule à abonnement fonctionnera bien, vous avez vu comment proposer différents niveaux d'abonnement et faire basculer en douceur vos abonnés vers des niveaux d'abonnements plus complets et plus chers, sans même avoir besoin de faire de longues lettres de vente pour les convaincre.

Dans le prochain module, vous allez voir tout ce qui concerne la structure de votre blog, et ce qu'il faut mettre ou supprimer pour le transformer en machine à vendre.

MODULE #5: COMMENT STRUCTURER VOTRE BLOG POUR LE TRANSFORMER EN MACHINE À VENDRE.

Initialement, la structure d'un blog n'est pas faite pour vendre, mais pour raconter sa vie en postant des articles de manière chronologique.

Vous allez voir dans ce module les 4 modifications à apporter à votre blog pour le transformer en véritable machine à vendre.

V.1- Supprimez l'inutile.

La première chose à faire va consister à supprimer tout ce qui est inutile afin d'avoir le minimum d'actions possibles à faire sur une page pour canaliser le flux de vos visiteurs.

Votre blog est exactement comme une passoire dans laquelle vous versez de l'eau.

Si vous avez plein de liens ou de bannières où cliquer, le flux de vos visiteurs va se disperser un peu partout et se perdre dans la nature sans avoir réalisé l'action que vous attendiez d'eux, par exemple le clic sur le bouton d'achat.

Ainsi l'idée est de supprimer au maximum toutes ces choses inutiles qui dispersent le flux des visiteurs, pour ne garder que les actions que vous voulez qu'ils fassent comme l'inscription à votre mailing list ou l'achat.

Toutes les autres actions (liens vers articles similaires, bannières publicitaires, widgets divers etc) qui diluent votre audience sont à éliminer radicalement.

De même, ne mettez surtout pas de bannières publicitaires en pensant que vous réussirez à monétiser votre blog comme ça.

A 0,25 euro le clic et en considérant qu'en moyenne il y a 1% des gens qui cliquent sur une publicité, il vous faudrait avoir chaque mois 400 000 visiteurs sur votre blog pour n'espérer gagner que 1000 euros.

Non seulement vous n'aurez pas ce trafic, mais vous alourdirez la structure de votre blog avec des choses qui peuvent vous faire perdre des abonnés qui vous auraient peut-être payé 97 euros par mois au lieu d'être partis dans la nature pour 25 centimes.

Ne gardez donc que les actions que vous souhaitez faire faire à vos visiteurs, et supprimez tout le reste. L'idéal est de n'avoir qu'une seule action par page.

V.2- Mettez en évidence des preuves sociales solides.

La première chose que recherchent les gens qui arrivent sur un site est en général les chiffres, afin de savoir s'il s'agit d'un blog connu ou pas.

Le problème est que la plupart des blogs affichent des chiffres qui sont bas.

Parmi les chiffres que vous pouvez trouver sur votre blog, vous avez par exemple le nombre de commentaires, les dates de vos publications, le nombre de fans Facebook ou Twitter, le nombre d'abonnés à votre chaîne Youtube, etc.

Si vous avez déjà un blog, faites maintenant une liste de tous les chiffres possibles que vous pouvez avoir, et supprimez les chiffres bas.

Par exemple, si vous publiez à une fréquence inférieure à deux ou trois fois par semaine, éditez votre thème pour ne plus afficher vos dates de publication.

Si vous avez peu de fans Facebook, ne mettez pas le nombre et mettez simplement une icône pour aimer la page, etc.

Si vous n'avez pas encore de gros chiffres, n'en affichez aucun.

Cette stratégie sera nettement meilleure que d'afficher des chiffres très bas qui feront perdre de la crédibilité à votre blog.

Cela dit, vous pourrez certainement trouver des chiffres élevés à afficher.

Par exemple, vous pouvez indiquer le nombre d'abonnés à votre mailing list, le nombre de vues totales de toutes vos vidéos sur Youtube, le nombre de visiteurs que vous avez eus depuis la création de votre blog (sans donner la date de création), etc.

V.3- Supprimez les dates des pages qui vendent un produit.

Cette modification consiste à supprimer les dates sur toutes les pages qui vendent un produit.

En effet, le phénomène n'est plus à prouver et les gens achètent davantage ce qui est nouveau.

C'est pourquoi, si vous avez une page avec une date montrant que votre produit date d'il y a trois ans, les gens l'achèteront beaucoup moins.

V.4- Les 2 pages qui doivent être accessibles partout.

Vous devez vous assurer d'avoir toujours deux pages accessibles partout sur votre site, dans tous les menus.

La première est la page qui présente l'abonnement.

La deuxième est la page listant toutes les formations que vous vendez à l'unité ou sous forme de packs thématiques.

Ceci termine ce dernier module.

Vous avez vu les diverses modifications à apporter à votre blog pour le transformer en une machine attractive destinée à vendre.

Il reste maintenant à conclure cette formation dans une dernière partie.

CONCLUSION.

Grâce à cette formation, vous avez désormais tout ce qu'il vous faut pour créer un site ou un blog rentable le plus rapidement possible.

Vous avez ainsi vus dans le module 1 comment trouver un positionnement unique et irrésistible dans votre thématique, pour ne surtout pas refaire ce que font les sites de référence en moins bien.

Ce module est capital pour votre réussite, c'est pourquoi vous devez y passer le temps nécessaire.

Puis dans le module 2 vous avez mis au clair les contenus à inclure dans votre offre à abonnement, et mis en place tout le système de vente de cet abonnement.

Ensuite, le module 3 vous a permis de générer du trafic sur votre site et d'obtenir facilement une quantité immense d'inscrits sur votre mailing list. De plus, ces inscrits sont de grande qualité car ils sont extrêmement ciblés et susceptibles de s'abonner.

Le module 4 vous a permis de maximiser le panier moyen par personne en créant un calendrier de promotions qui seront différentes chaque semaine. Ainsi, vous offrez une grande diversité d'offres pour vendre un maximum de choses aussi bien à vos clients qu'à vos prospects, sans même avoir besoin de créer de nouveaux produits.

Enfin, le module 5 vous a montré les modifications à apporter à votre blog pour le structurer en véritable machine de vente, et éviter ainsi de perdre des clients inutilement.

Si vous appliquez les conseils et mettez en place les actions de chaque module de manière chronologique, vous aurez l'assurance de créer une base solide qui fonctionnera, et qui sera déjà rentable d'ici 4 semaines pour vous permettre d'en vivre.

Il vous appartiendra ensuite d'enrichir cette base de façon incrémentale en rajoutant et en testant de nouvelles choses chaque semaine.

A terme, vous verrez votre nombre d'inscrits et d'abonnés augmenter de manière impressionnante.

Votre site deviendra de plus en plus connu et populaire, et vous pourrez faire toujours davantage de promotions avec le nombre de vos produits et contenus qui font s'accumuler au fil des mois.

Vous allez ainsi vous créer à terme un véritable empire financier, grâce à un système qui facilite au maximum la possibilité de devenir client de votre abonnement, et qui vous apportera des revenus récurrents sans même devoir faire d'argumentaires de vente.

Vous pouvez voir que les possibilités de croissance avec un tel système sont quasi infinies, car vous pourrez en permanence l'enrichir de nouvelles choses.

Je vous souhaite donc tous mes voeux de succès et vous retrouve bientôt, j'espère, dans une prochaine formation.

A PROPOS DE L'AUTEUR.

Rémy Roulier est un ancien ingénieur informatique et responsable marketing dans une multinationale.

Il est aujourd'hui auteur best-seller, digital nomad et voyage partout dans le monde, ayant acquis depuis plus de dix ans une véritable expertise dans le marketing internet et le développement personnel.

Il partage aujourd'hui ses outils et son expérience pour permettre aux autres d'atteindre également leur indépendance financière et de façonner leur vie telle qu'ils la désirent vraiment.

CRÉATIONS DU MÊME AUTEUR.

Voici aussi quelques autres de mes créations qui peuvent vous servir :

DEVENIR RICHE EN FREELANCE SUR LE WEB:
POURQUOI 99% DES INDEPENDANTS ECHOUENT SUR INTERNET ET COMMENT REJOINDRE LES 1% QUI GENERENT DES REVENUS A 6 CHIFFRES.
Un livre que doit posséder absolument tout entrepreneur. Il vous explique comment bâtir votre business en freelance sur le web (ou ailleurs) pour éviter de devenir un indépendant qui croule sous le travail en ne gagnant que des miettes. Découvrez exactement comment s'y prennent les freelances qui cartonnent sans (trop) travailler, et reproduisez le même modèle qui leur permet de générer des revenus à 6 chiffres.

CONTENU DE MASSE POUR VOTRE BLOG:
1 HEURE/JOUR POUR CREER 7 ARTICLES, 5 VIDEOS ET 1 PRODUIT CHAQUE SEMAINE ET CREER UN BLOG D'AUTORITE ULTRA RENTABLE.
Découvrez une méthode radicale et inédite pour devenir un créateur de contenu à 100% et créer 7 articles, 5 vidéos et 1 produit chaque semaine en ne travaillant qu'une heure par jour du Lundi au Vendredi. Commencez immédiatement et voyez votre trafic et vos revenus exploser.

CREER UN BLOG VIDEO SANS SE RUINER:
LA METHODE COMPLETE POUR CREER UN VLOG PRO (EQUIPEMENT, DISCOURS, TOURNAGE, MONTAGE, VIDEO, DIFFUSION) SANS SE RUINER.
Tout ce que vous devez savoir pour créer un blog vidéo de qualité professionnelle le plus facilement possible, même si vous avez peu ou pas de budget. Laissez-vous guider totalement de l'équipement à la diffusion, et voyez des milliers de fans s'agglutiner et vos ventes exploser par vos vidéos irrésistibles.

ECRIRE UNE PAGE DE VENTE HYPNOTIQUE:
54 MINUTES CHRONO POUR ECRIRE FACILEMENT UN ARGUMENTAIRE DE VENTE FASCINANT ET VENDRE SUR INTERNET COMME UN PRO DU COPYWRITING HYPNOTIQUE.
Une méthode clés-en-main pour écrire facilement une page de vente hypnotique, et en seulement 54 min. Bien plus puissante que le copywriting ordinaire, utilisez-là pour "forcer" vos clients à acheter vos produits en les plongeant dans un état de transe hypnotique.

CREER UNE LANDING PAGE QUI CONVERTI:
TRIPLEZ VOS VENTES, EXPLOSEZ VOTRE MAILING LIST EN MOINS DE 15
MINUTES AVEC UNE SQUEEZE PAGE OPTIMISEE.
Une méthode complète pour créer une landing page en partant de rien
et obtenir d'entrée de jeu des taux de conversion records à rendre
jaloux les meilleurs marketeurs. Evitez les mois de tâtonnements
interminables et les centaines d'euros dépensés pour trouver la
meilleure version, en prenant ce raccourci tout de suite.

VENDRE EN VIDEO COMME UN PRO:
LA NOUVELLE FAÇON LA PLUS SIMPLE ET RAPIDE DE CREER UNE VIDEO DE
VENTE ET PAGE DE VENTE VIDEO QUI CONVERTI.
Découvrez un système complet et unique en pas-à-pas pour réaliser
des vidéos de vente en partant de rien. De l'équipement à la création
de votre argumentaire de vente, en passant par les techniques pour
amener de la présence et pour minimiser votre temps de montage
vidéo, vous saurez comment obtenir des taux de conversion record
dignes des meilleurs marketeurs, de la manière la plus simple, rapide,
et sans vous ruiner.

TUNNELS DE VENTE SOCIAUX:
GAGNER DE L'ARGENT SUR INTERNET ET DEVENIR RICHE AUJOURD'HUI
APRES L'EXPLOSION DES RESEAUX SOCIAUX (FACEBOOK, TWITTER...) ET
YOUTUBE.

Une véritable plongée dans la psychologie de l'acheteur d'aujourd'hui et une méthode pratique qui vous permet de créer un tunnel de vente tel qui fonctionne après l'explosion des réseaux sociaux. Convertissez ainsi sans peine vos prospects en clients, en acheteurs multiples, en fans et en véritables ambassadeurs de vos produits auprès de leur amis pour étendre votre notoriété comme une trainée de poudre.

GERER SES EMOTIONS FACILEMENT:
LA MAITRISE DE SOI FACILE POUR MOBILISER SES CAPACITES (MOTIVATION,
CONFIANCE EN SOI...) A VOLONTE, INSTANTANEMENT.

Ne plus être esclave de vos états intérieurs (colère, stress, jalousie etc.) n'aura jamais été aussi facile et rapide qu'avec cette méthode qui va vous permettre de retrouver une parfaite maitrise de soi et de mobiliser instantanément n'importe qu'elle capacité.

TROUVER UNE NICHE LUCRATIVE SANS SE TROMPER:
LA NOUVELLE DEMARCHE POUR CREER UN BLOG DANS UN MARCHE DE
NICHE ULTRA RENTABLE ET DEVENIR RICHE DU 1er COUP.
Tout ce qu'il vous faut pour bien choisir votre marché de niche pour
être sûr de réussir, et ne pas commettre les erreurs des débutants qui
se retrouvent ruinés au bout de 6 mois ou 1 an car ils ont choisi leur
marché de niche en se basant sur les mauvais critères.

LA COMMUNICATION EFFICACE EN 60 MINUTES CHRONO:
DECOUVREZ LES TECHNIQUES SECRETES DE LA COMMUNICATION VERBALE ET
NON VERBALE POUR BRILLER DES CE SOIR.
Devenez un pro de la communication dans tous ses aspects, aussi bien
verbale que non verbale, en seulement 60 minutes chrono. Une
solution clés-en-main, facile, pour résoudre définitivement tous vos
problèmes de communication sans y passer des mois ou des années!

LA MEMOIRE FACILE INSTANTANEE:
AMELIORER SA MEMOIRE, MEMORISER COMME UN CHAMPION DES CE SOIR SANS RIEN OUBLIER ET SANS EFFORTS.
Des exercices et stratégies faciles qui vont vous permettre d'utiliser vos différentes mémoires à plein régime et mémoriser sans peine autant d'informations que vous voulez...instantanément et sans les oublier, comme le font les champions de la mémorisation.

TITRES QUI VENDENT:
DANS 47 MINUTES VOUS ECRIREZ DES TITRES FACEBOOK, ADWORDS, BLOG, PAGE DE VENTE, EMAIL COMME UN PRO DU COPYWRITING!
Découvrez les secrets et les 101 meilleurs templates pour créer des titres chocs qui vont vous rapporter (très) gros, et acquérir les compétences des meilleurs copywriters en seulement 47 minutes!

VAINCRE SA TIMIDITE:
LA METHODE CHOC DES EXPERTS EN CONFIANCE EN SOIR POUR SORTIR
DE L'ENFER DE LA TIMIDITE FACILEMENT ET RAPIDEMENT.
Enfin une méthode pas-à-pas qui vous permet de vous libérer de votre timidité pour toujours, et d'obtenir ce magnétisme personnel que vous avez peut-être toujours cru réservé aux autres, tout ça rapidement et facilement.

SYSTEME AFFILIATION:
LA NOUVELLE FAÇON POUR ENFIN VIVRE DE SON BLOG PAR
L'AFFILIATION ET DEVENIR RICHE SANS CRÉER UN SEULPRODUIT.
Ce redoutable système d'affiliation est la preuve que l'affiliation fonctionne toujours à merveille pour les rares initiés qui savent l'utiliser de la bonne manière. Mettez enfin en place en seulement quelques jours une véritable machine à générer des revenus passifs sans jamais avoir à créer le moindre produit ni vous occuper du service après vente.

ECRIRE UN EBOOK IRRESISTIBLE EN UN WEEK-END:
LA NOUVELLE METHODE POUR ECRIRE UN LIVRE QUE LES LECTEURS
ADORENT, PRET A VENDRE LUNDI MATIN.

Laissez-vous guider par une procédure simple et d'une efficacité redoutable pour créer en seulement un week-end un ebook que les gens vont s'arracher, même si vous n'êtes pas expert dans un domaine

DEVENIR RICHE EN 42 JOURS:
LA METHODE PAS-A-PAS POUR.GAGNER DE L'ARGENT SUR INTERNET ET VIVRE SES REVES EN PARTANT DE RIEN.
Une méthode prouvée qui vous guide pas-à-pas et vous permet d'atteindre votre indépendance financière en 42 jours grâce à Internet, même si vous démarrez actuellement de rien. Un must à ne pas manquer.

COMMENT SE CONCENTRER COMME EINSTEIN:
LE SECRET DES ETUDIANTS PARESSEUX POUR DECUPLER LA CONCENTRATION ET
LA MEMOIRE AVEC LA TECHNIQUE DU DOCTEUR VITTOZ.
Ce best seller dans le top 100 des meilleures ventes d'Amazon vous montrera la technique jadis utilisée par Einstein qui vous donnera le pouvoir de vous concentrer sur ce que vous voulez aussi longtemps que vous voulez.

COMMENT REUSSIR VOS EXAMENS:
LE POUVOIR INEGALE DE LA DYNAMIQUE MENTALE POUR FINIR PREMIER
DANS VOS ETUDES ET EXAMENS EN ETANT PARESSEUX.
Réussissez dès maintenant vos examens et vos études en découvrant la technique secrète utilisée par les plus grands sportifs internationaux. Spécialement adaptée ici à la réussite aux examens par des médecins et psychologues, elle vous propulsera parmi les meilleurs étudiants sans avoir à étudier davantage.

ACUPRESSION DE SECOURS:
SUPPRIMEZ IMMEDIATEMENT LE STRESS, LE MAL DE TETE, LE TROU DE MEMOIRE PENDANT UN EXAMEN AVEC VOTRE DOIGT.
Soulagez vos douleurs et malaises immédiatement dès que vous en avez besoin et empêchez-les de vous faire rater un oral, un examen ou tout moment important de votre vie. 100% pratique, très clair et simple, ce livre est très certainement le meilleur investissement que vous puissiez faire pour votre santé et votre succès.

LA LECTURE RAPIDE EN 60 MINUTES CHRONO:
DOUBLER (OU TRIPLER) VOTRE VITESSE DE LECTURE N'A JAMAIS ÉTÉ
AUSSI FACILE!

Utilisez les meilleures techniques des lecteurs les plus rapides pour augmenter votre vitesse de lecture de 100% dès aujourd'hui.

LA RELAXATION ZEN PROFONDE:
LA VOIE ROYALE POUR LA LIBERATION EMOTIONNELLE ET LE LACHER
PRISE.

L'outil parfait pour aborder les situations du quotidien sereinement, et reprendre le contrôle de votre vie et de vos émotions dans le lâcher prise.

NUTRITION DETOX:
BIEN MANGER POUR UNE VIE DE PURE ENERGIE, FORME ET SANTE.

Plus jamais vous ne vous empoisonnerez à la malbouffe, et apprendrez les principes alimentaires qui vous redonnerons une énergie et une qualité de santé au-delà de vos espérances tout en vous faisant économiser des dizaines d'euros tous les mois.

LE MIND MAPPING FACILE:
MEILLEURE MEMOIRE, PRISE DE NOTE RAPIDE, BRAINSTORMING,
GESTION DE PROJET SANS EFFORT AVEC LES MIND MAPS.
Le Mind Map (ou carte heuristique) va révolutionner votre vie et votre mémoire en termes gain de temps, d'organisation et d'efficacité par un système puissant et redoutable de prise de notes et d'organisation de l'information autour de diagrammes basés sur la manière naturelle dont fonctionne votre cerveau. Un outil à posséder absolument.

L'ANGLAIS FACILE AVEC LE MIND MAPPING:
COMMENT APPRENDRE L'ANGLAIS ET N'IMPORTE QUELLE LANGUE
RAPIDEMENT SANS JAMAIS L'OUBLIER.
Si vous avez toujours eu du mal avec les langues ou que vous souhaitiez apprendre l'Anglais facilement et rapidement, cette méthode innovante basée sur le Mind Mapping va très certainement vous y aider.

L'ESPAGNOL FACILE AVEC LE MIND MAPPING:
COMMENT APPRENDRE L'ESPAGNOL ET N'IMPORTE QUELLE LANGUE
RAPIDEMENT SANS JAMAIS L'OUBLIER.
La même chose que pour l'Anglais, mais cette fois c'est plutôt si vous souhaitez vous rendre là où les gens parlent Espagnol et apprendre cette langue facilement et rapidement à l'aide du Mind Mapping.

COMMENT SAUVER SON COUPLE EN UNE HEURE:
LA NOUVELLE MANIERE POUR EVITER LA RUPTURE AMOUREUSE ET
CREER UNE PASSION AMOUREUSE INTENSE.
Avant de penser à rompre, découvrez d'abord ce programme qui a déjà sauvé la relation amoureuse de plusieurs milliers de couples et évité de grandes souffrances de rupture, en seulement une heure.

www.ingramcontent.com/pod-product-compliance
Lightning Source LLC
Chambersburg PA
CBHW051340170526
45166CB00002B/889